41
사냥의 신 아르테미스

주니어RHK

신화의 가치

신화는 한 민족의 기원이나 역사적 · 종교적 · 문화적 삶의 모습을 보여 주는 옛이야기입니다. 주로 신과 영웅에 관한 이야기가 많고, 오랫동안 입에서 입으로 전해 내려왔다는 특징이 있지요.

우리가 살펴볼 그리스 로마 신화는 고대 그리스와 로마에 전해 오는 신화와 전설을 한데 묶은 것입니다. 그리스 로마 신화는 고대의 삶을 엿보게 해 주는 문화유산일 뿐만 아니라, 세계 여러 나라의 문학과 미술에 큰 영향을 끼쳤습니다. 하지만 문화적 가치만큼이나 중요한 것이 또 있습니다. 오래된 옛이야기이면서도 거기에 담긴 교훈적 가치가 오늘날에도 여전히 쓸모 있고 중요하다는 사실입니다.

놀랍지 않나요? 수천 년 전의 이야기가 어떻게 과학 문명이 고도로 발달한 오늘날에도 통하는 것일까요? 그것은 바로 그리스 로마 신화에 나오는 신과 영웅의 모습이 오늘날 우리의 모습과 다르지 않기 때문입니다. 신들도 우리처럼 분노하고, 질투하고, 실수를 하지요. 그런 모습을 보면서 우리는 깔깔 웃거나 눈물을 흘리고, 교훈과 감동을 얻습니다. 우리가 그리스 로마 신화를 읽어야 하는 까닭이 바로 이것입니다.

신화의 세계로 떠날 여러분에게 한마디 덧붙이자면, 신화는 우리에게 끝없는 상상력을 요구한다는 점입니다. 신화 속에는 수많은 은유와 상징이 곳곳에 널려 있지요. 따라서 신화를 읽을 때에는 상상력을 최대한 발휘하여 신화 속에 숨겨진 의미를 찾고, 그것을 자기 나름대로 재해석하는 과정이 필요합니다. 이렇게 읽었을 때에야 비로소 여러분 앞에 놀라운 삶의 이야기가 펼쳐질 것입니다.

자, 그럼 흥미진진한 신화의 세계 속으로 함께 떠나 볼까요?

제우스의 딸이자 아폴론의 누이동생인
사냥의 신 아르테미스 여신!
순결을 중시했던 아르테미스는 여신의 자존심을
건드리는 자는 누구든지 벌을 주었답니다.
그런데 사냥꾼 악타이온이 우연히
아르테미스 여신이 목욕하는 모습을 훔쳐보게 됩니다.
과연 그는 아르테미스 여신의 분노를 비켜 갈 수 있을까요?

주요 등장인물

아폴론

제우스와 레토의 아들로
아르테미스의 쌍둥이 오빠예요.
태양과 음악의 신이며
아르테미스처럼 활을 들고 다녀요.

아르테미스

제우스와 레토의 딸로
아폴론과 쌍둥이 남매예요.
사냥의 신이자 달의 여신으로
순결을 중요하게 여겨요.

악타이온

카드모스 왕의 손자로, 뛰어난 사냥꾼이에요.
우연히 아르테미스가 목욕하는 모습을 보게 돼요.

알페이오스

강의 신으로, 아르테미스를
사랑해요. 억지로
아르테미스의 사랑을
얻으려 하지요.

1
달과 사냥의 여신 아르테미스

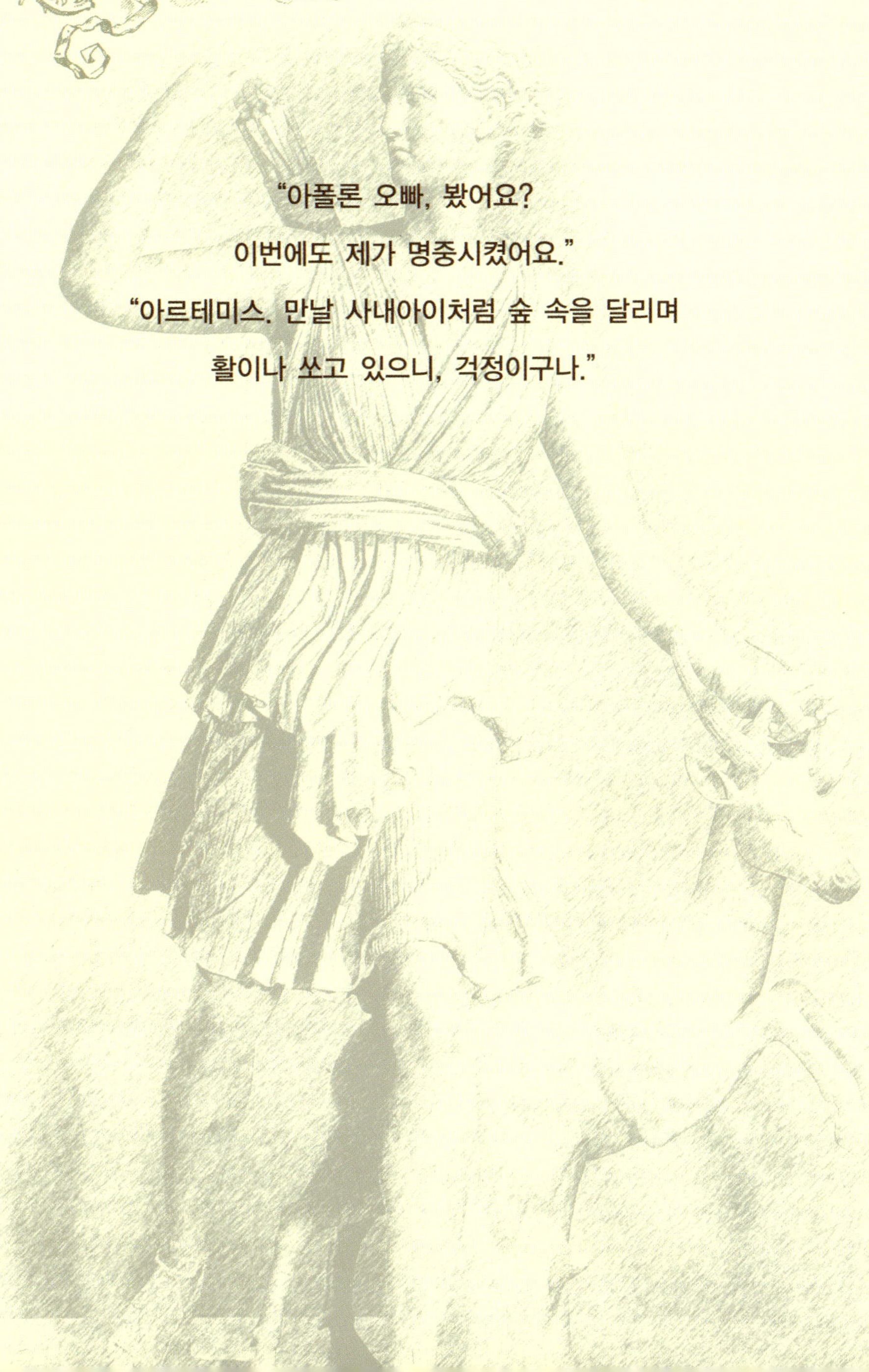

"아폴론 오빠, 봤어요?

이번에도 제가 명중시켰어요."

"아르테미스. 만날 사내아이처럼 숲 속을 달리며

활이나 쏘고 있으니, 걱정이구나."

제우스 신에게는 수많은 자녀들이 있었습니다. 그중 레토 여신과의 사이에서 태어난 자녀가 쌍둥이 남매인 아폴론과 아르테미스였습니다. 아르테미스는 여신이면서도 오빠인 아폴론과 함께 활을 쏘면서 사냥하는 것을 좋아했습니다. 누구보다도 사냥 실력이 뛰어난 아르테미스는 아무리 멀리 떨어진 것이라도 날카로운 눈빛으로 활을 겨누어 빗나가지 않게 정확히 맞혔답니다.

"아폴론 오빠, 봤어요? 이번에도 제가 *명중시켰어요."

"쯧쯧. 아르테미스. 만날 사내아이처럼 숲 속을 달리며 활이나 쏘고 있으니, 걱정이구나."

*명중 화살이나 총알 따위가 겨냥한 곳에 바로 맞음.

아폴론은 어여쁜 여동생이 사냥만 좋아하는 것이 늘 마음에 걸렸습니다.

"흥, 오라버니는 별걱정을 다 하세요. 제가 오라버니보다 활을 더 잘 쏘니까 괜히 샘이 나서 그러는 거죠?"

아폴론은 아르테미스의 말에 한숨만 지었습니다.

아폴론과 아르테미스

아폴론과 아르테미스는 쌍둥이 남매로 제우스와 레토 사이에서 태어났어요. 레토는 티탄 족의 여신이에요. 제우스의 아내 헤라는 레토를 심하게 구박하며 아기가 태어나는 것을 막았지만, 레토는 간신히 위기를 피해 쌍둥이를 낳았어요. 그들은 금세 자라나 어머니를 보호하는 힘을 갖게 됐답니다. 아폴론과 아르테미스 둘 다 올림포스에서 누구도 함부로 무시하지 못하는 강한 신이 되었지요.

아르테미스는 활만 잘 쏘는 것이 아니었습니다. 창 던지기, 말타기, 마차 몰기 등 남자들이 하는 모든 일을 능숙히 잘 해냈습니다. 그 누구도 그녀의 실력을 따라잡지 못했습니다. 제우스는 그런 아르테미스를 무척 아끼고 사랑했습니다.

어느 날, 제우스가 아르테미스를 올림포스 신전으로 불렀습니다.

"내 사랑하는 딸아, 이 아비가 너의 소원을 들어주고 싶은데. 한번 말해 보렴."

아르테미스는 눈을 반짝이며 또박또박 말했습니다.

"아버지, 저는 평생 순결을 지키며 처녀로 살고 싶습니다."

"그렇다면 네가 원하는 대로 해 주마. 너에게 영원한 젊음과 고귀한 순결을 주겠노라! 너는 이제 사냥의 여신이 되어 땅을 다스리도록 해라! 또한 달의 여신이 되어 밤하늘을 밝게 비추어라!"

"네, 아버지. 고맙습니다!"

불같은 성격의 아르테미스

〈사냥꾼 아르테미스〉 작가 미상

날카로운 눈매와 건강한 몸매가 잘 드러나는 아르테미스의 조각상이에요. 사냥의 신답게 화살집을 메고 있지요. 주로 사냥개나 사슴이 함께 따라다녀요. 불같은 성격을 지닌 아르테미스는 복수심이 강하다고 알려져 있어요. 어머니 레토를 깔보았던 니오베의 자식들을 죽이는가 하면, 제물을 바치는 것을 잊었던 오이네우스 왕에게 사나운 멧돼지를 보내기도 했어요.

제우스의 축복을 받은 아르테미스는 등에 커다란 화살집을 멘 채 머리에는 반짝이는 초승달 장식을 달았습니다. 그리고 언제나 건강하고 아름다운 모습으로 숲을 누볐습니다. 아르테미스가 지나가는 모습을 본 사람들은 모두 하던 일을 멈추고 멍하니 바라보았습니다.

"우아, 저렇게 당당하고 멋진 여신님이 또 있을까?"

"정말이지 눈이 부시도록 아름다워!"

사람들은 입에 침이 마르도록 아르테미스의 아름다움을 칭찬했습니다. 하지만 정작 아르테미스는 자신의 아름다움이나 외모를 가꾸는 일에는 관심이 없었습니다. 자신을 따르는 님프들을 이끌며 사냥을 하고, 여신으로서의 순결과 *품위를 지키는 것을 무엇보다 중요하게 여겼습니다.

*품위 사람이 갖추어야 할 위엄이나 기품.

*도도하고 자존심 강한 아르테미스는 함께 다니는 님프들에게 늘 입버릇처럼 말했습니다.

"잘 들어라. 남자들은 언제나 우리 여자들을 무시하고 다스리려고 하지. 하지만 그건 아주 어리석은 생각이야. 우리는 그들보다 훨씬 더 영리하고 강한 존재란다. 그러니 모두 내 말을 가슴 깊이 새기거라!"

그런데 이렇게 남자들을 못마땅하게 여기는 아르테미스에게 마음을 빼앗겨 버린 신이 하나 있었습니다.

다름 아닌 강의 신 알페이오스였습니다.

*도도하다 잘난 체하여 주제넘게 거만하다.

2
망신당한 알페이오스

아르테미스는 늘 알페이오스의 고백에 차가운 말투로 거절했습니다.

'어쩔 수 없군. 그녀를 차지할 방법은 이것밖에 없어.'

알페이오스는 날마다 아르테미스를 찾아와 사랑을 고백했습니다.

"아르테미스, 은은한 달빛처럼 빛나는 그대여! 나는 당신을 바라보면 가슴이 터질 것만 같아요. 당신 없는 세상은 생각하기도 싫어요. 그러니 제발 나의 사랑을 받아 주세요!"

"알페이오스, 정말 끈질기군요. 나는 당신의 사랑에는 전혀 관심 없어요. 이렇게 나만 쫓아다니면 강은 언제 돌보나요? 강을 잘 다스려야 숲이 자라고 농사가 잘될 텐데 말이지요."

아르테미스는 이렇게 늘 차가운 말투로 거절했습니다.

그때마다 알페이오스는 *상심에 빠졌습니다.

'어쩔 수 없군. 그녀를 차지할 방법은 이것밖에 없어.'

못된 강의 신 알페이오스

알페이오스는 바다의 신 오케아노스와 강의 신 테티스가 낳은 수많은 자식들 가운데 하나로, 알페이오스 강을 다스렸어요. 알페이오스 강은 펠로폰네소스에서 가장 긴 강으로 알려져 있답니다. 알페이오스는 아르테미스를 억지로 차지하려 꾀를 쓰는가 하면, 아르테미스를 따르는 님프 중 하나인 아레투사를 쫓아다니기도 했어요. 숲의 님프였던 아레투사는 알페이오스로부터 도망치다 샘으로 변해 버렸어요.

***상심** 슬픔이나 걱정 따위로 속을 썩임.

알페이오스는 보름달이 뜨는 깊은 밤에 아르테미스와 님프들이 숲 속에서 목욕을 즐긴다는 소식을 듣고 남몰래 계획을 짰습니다. 아무도 모르게 숲으로 숨어들어가 아르테미스를 납치하기로 마음먹은 것입니다.

'아르테미스, 당신의 콧대가 아무리 높다 해도 언젠가 내 사랑을 받아들이게 될 것이오!'

하지만 이 소식을 몰래 알게 된 님프가 있었습니다. 님프는 숨가쁘게 아르테미스에게 달려가 알페이오스의 계획을 알렸습니다.

"누굴 납치해? 나를? 흥! 어디 한번 해 보라지."

아르테미스는 *의미심장한 미소를 지으며 자신 있게 말했습니다.

드디어 밤이 어둑어둑해지고, 까만 밤하늘에 보름달이 환하게 떴습니다. 알페이오스는 서둘러 아르테미스가 머무는 숲으로 갔습니다. 절벽 위에 숨어 살짝 엿보니 저 멀리 희미한 그림자들이 보였습니다.

"옳지. 바로 저기구나!"

알페이오스는 숨을 죽이고 절벽 끝으로 살금살금 다가갔습니다. 하지만 아르테미스 곁에는 님프들이 함께 있었습니다.

알페이오스는 님프들이 자리를 비우기만을 기다렸습니다.

*의미심장하다 뜻이 매우 깊다.

'왜, 왜 이렇게 오늘따라 님프들이 떨어질 생각을 안 하지?'

당황한 알페이오스는 계속 숨어서 지켜보기만 했습니다. 아르테미스와 님프들은 느긋하게 목욕을 즐겼습니다. 알페이오스는 오지도 가지도 못하고 계속 절벽에서 그 모습을 지켜보기만 했습니다. 한편 절벽의 바위는 알페이오스의 몸무게를 견디지 못하고 조금씩 금이 가기 시작했습니다. 결국 작은 돌조각이 아래로 떨어지고 말았습니다. 그때를 기다린 듯 아르테미스는 큰 활을 겨누어 바위를 맞혔습니다. 콰콰콰쾅! 커다란 소리와 함께 알페이오스의 몸을 받치고 있던 절벽 끝이 무너져 내렸습니다.

"으아아악."

알페이오스는 미처 피할 겨를도 없이 아래로 떨어지고 말았습니다.

그제야 알페이오스는 자신의 계획이 들통 난 것을 깨닫고는 뒷걸음쳤습니다. 분노에 찬 아르테미스가 외쳤습니다.

"이 못된 것! 어디서 무슨 수작을 부리려고 찾아 왔느냐!"

그러고는 얼음장같이 차가운 물을 알페이오스에게 끼얹었습니다.

이처럼 아르테미스는 자신의 자존심에 해가 되는 것은 무슨 일이든 용서하지 않았습니다.

3
사냥꾼 악타이온

"하하하! 오늘은 그냥 운이 좋았을 뿐이야.
사냥한 사슴들은 자네들이 나눠 가져가게. 난 괜찮으니까."
악타이온은 빙그레 웃으며 활과 화살을 내려놓고
이마에 맺힌 땀방울을 쓰윽 닦았습니다.

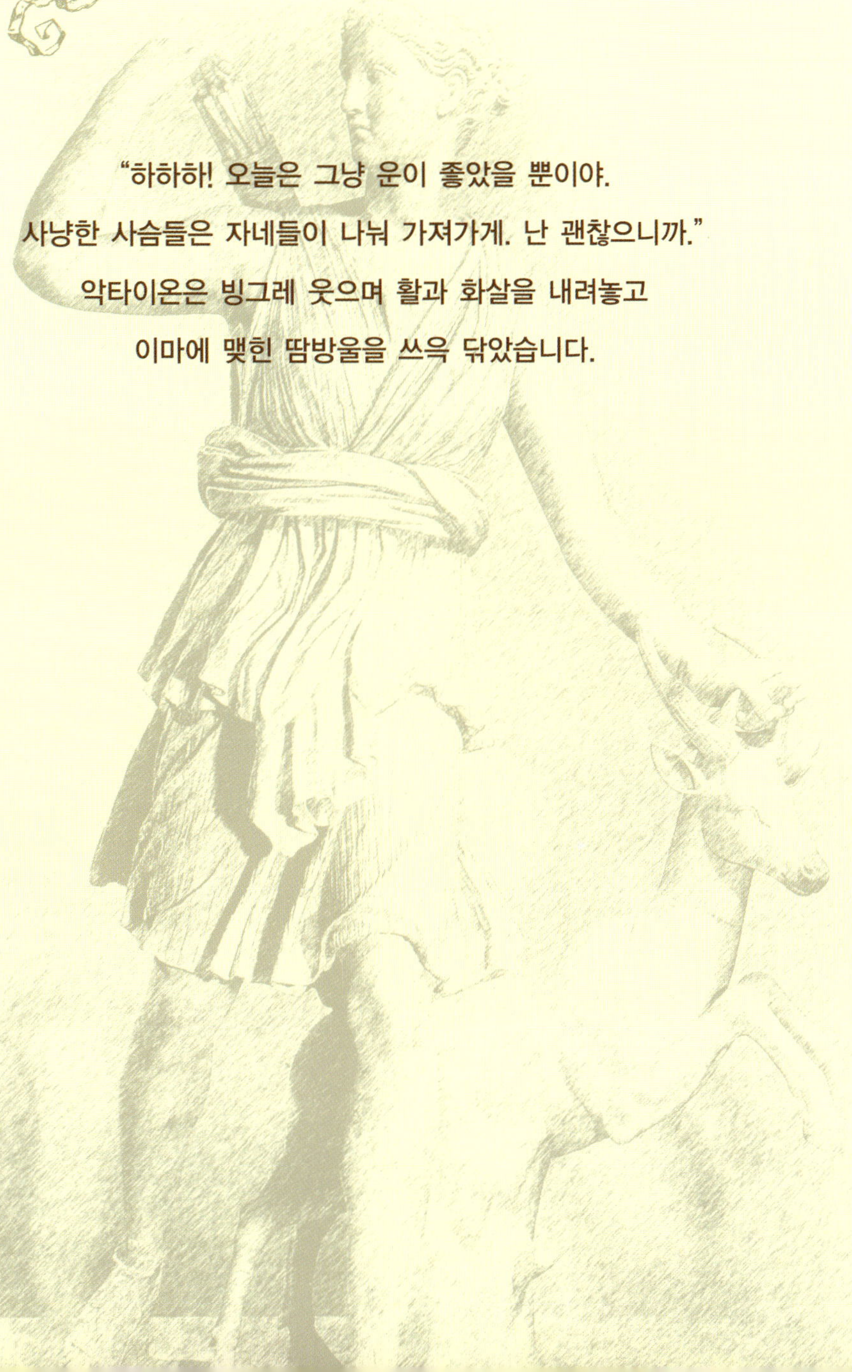

하늘 높이 뜬 태양이 유난히도 뜨거운 햇살을 내뿜는 어느 날 오후였습니다.

건장한 모습의 청년들이 땀을 흘리며 한창 사냥에 *열중하고 있었습니다. 울창하게 우거진 숲 속은 시간이 갈수록 점점 태양의 열기로 뜨거워졌습니다.

모두 땀을 흘리며 힘들어 할 때 한 청년만은 눈을 반짝이며 사냥감을 좇았습니다. 그는 바로 카드모스 왕의 손자인 악타이온이었습니다. 악타이온은 잘생기고 늠름했으며, 사냥 솜씨 또한 그를 따를 자가 없었습니다.

*열중 한 가지 일에 정신을 쏟음.

“분명히 이쪽으로 갔는데…….”

악타이온은 자신이 훈련시킨 날렵하고 용맹스러운 사냥개들을 이끌고 숲 속을 *이 잡듯이 뒤졌습니다.

***이 잡듯이** 샅샅이 뒤지어 찾는 모양을 비유적으로 이르는 말.

악타이온이 사냥개들을 앞세워 바람처럼 숲을 내달리는 동안, 친구들은 헉헉거리며 겨우 그의 뒤를 쫓았습니다.

"악타이온, 좀 천천히 가게. 힘들어 죽겠다고!"

"쉿, 조용!"

"왜? 뭔데?"

"방금 저쪽에서 무언가 움직였어."

악타이온은 살짝 흔들거리는 수풀 쪽을 가리키며 말했습니다.

그러자 모두 숨을 죽이며 그쪽을 쳐다보았습니다. 악타이온은 천천히 몸을 낮추더니 재빠르게 화살 하나를 꺼냈습니다. 날카롭고 뾰족한 화살촉이 오후의 햇살에 번뜩였습니다. 악타이온은 화살을 *활시위에 걸고는 힘껏 당겼습니다.

*활시위 활대에 걸어서 켕기는 줄. 화살을 여기에 걸어서 잡아당기었다가 놓으면 화살이 날아간다.

훌륭한 사냥꾼 악타이온

악타이온은 테바이를 세운 카드모스의 딸 아우토노에가 낳은 아들이에요. 악타이온은 현명한 켄타우로스인 케이론에게 사냥 기술을 배워 최고의 사냥꾼으로 자라났지요.

휘익, 피융!

화살이 바람처럼 날아가 수풀 속을 뚫고 지나간 순간, 무언가 퍽 하고 쓰러지는 소리가 났습니다.

"으르렁! 컹컹! 컹컹컹!"

악타이온의 사냥개들이 사납게 짖으며 수풀 속으로 뛰어들었습니다. 그러고는 잠시 후 커다란 수사슴 한 마리를 물고 나타났습니다.

"우아, 악타이온! 이번에도 사슴을 쏘아 맞혔군."

"정말 악타이온의 사냥 솜씨는 대단하다니까."

"이렇게 자네 혼자서 사슴이란 사슴은 다 잡아들이니, 사냥할 맛이 안 나는데!"

친구들이 부러운 눈으로 쳐다보며 한마디씩 했습니다.

"하하하! 오늘은 그냥 운이 좋았을 뿐이야. 사냥한 사슴들은 자네들이 나눠 가져가게. 난 괜찮으니까."

악타이온은 빙그레 웃으며 활과 화살을 내려놓고 이마에 맺힌 땀방울을 쓰윽 닦았습니다.

시간이 흐를수록 햇볕은 점점 뜨거워졌고, 숲 속은 푹푹 쪄서 숨쉬기조차 힘들었습니다.

"후, 정말 바람 한 점 없군. 이렇게 무더운 날은 태어나서 처음이야. 우리 사냥은 그만하고, 나무 그늘에 앉아서 더위나 식힐까?"

"그래, 악타이온. 좋은 생각이야."

"맞아. 사냥개들도 지쳐 보이는군. 어디 시원한 골짜기에서 잠시 쉬었다 가세."

악타이온과 친구들은 울창한 숲 속으로 들어가 바람이 솔솔 부는 곳에 자리를 잡았습니다.

시원한 바람이 악타이온의 땀을 식혀 주었습니다.

4
아르테미스의 동굴

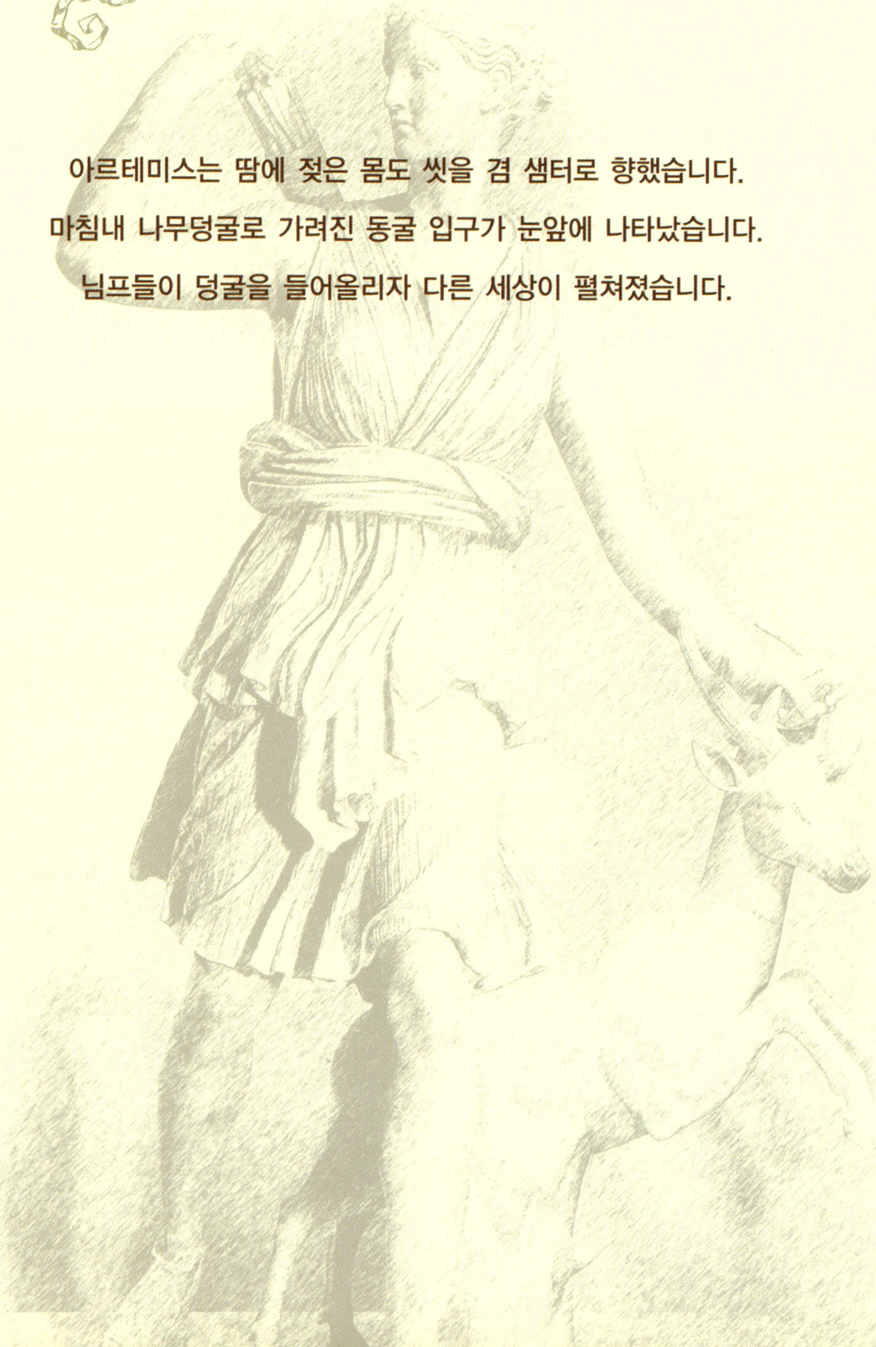

아르테미스는 땀에 젖은 몸도 씻을 겸 샘터로 향했습니다.
마침내 나무덩굴로 가려진 동굴 입구가 눈앞에 나타났습니다.
님프들이 덩굴을 들어올리자 다른 세상이 펼쳐졌습니다.

사실 악타이온과 친구들이 쉬고 있는 곳은 삼나무와 소나무가 빽빽이 우거진 아르테미스의 계곡이었습니다. 그 계곡에는 아르테미스가 사냥하다가 지칠 때면 들러서 쉬는 아름다운 동굴이 있었습니다.

그날도 역시 사냥의 여신 아르테미스는 숲 속에서 한껏 사냥을 즐기는 중이었습니다.

"휴, 오늘은 왜 이리 덥지?"

"아르테미스 님, 사냥은 충분히 했으니 잠시 목욕을 하면서 숨을 돌리시는 건 어떨까요?"

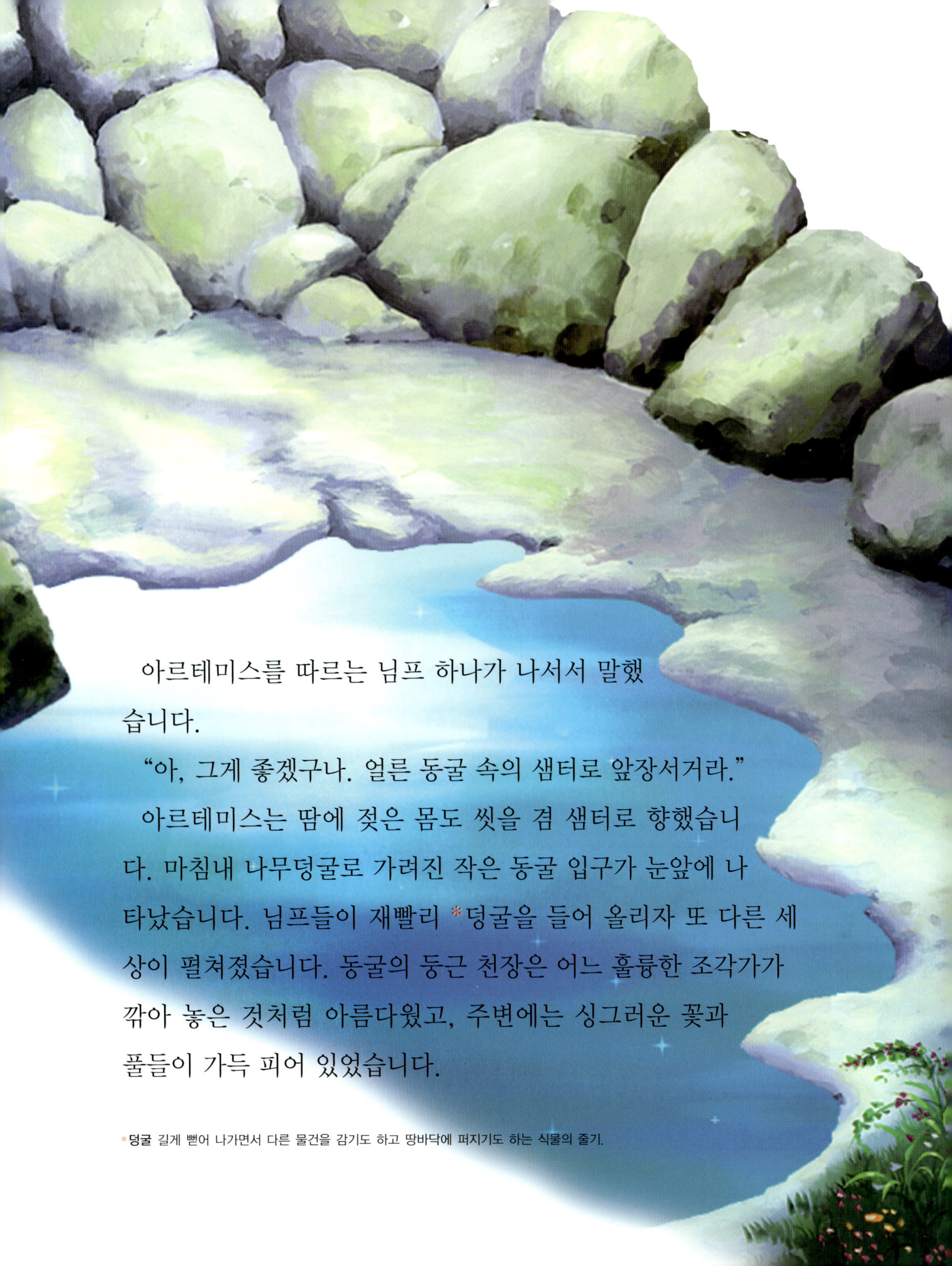

아르테미스를 따르는 님프 하나가 나서서 말했습니다.

"아, 그게 좋겠구나. 얼른 동굴 속의 샘터로 앞장서거라."

아르테미스는 땀에 젖은 몸도 씻을 겸 샘터로 향했습니다. 마침내 나무덩굴로 가려진 작은 동굴 입구가 눈앞에 나타났습니다. 님프들이 재빨리 *덩굴을 들어 올리자 또 다른 세상이 펼쳐졌습니다. 동굴의 둥근 천장은 어느 훌륭한 조각가가 깎아 놓은 것처럼 아름다웠고, 주변에는 싱그러운 꽃과 풀들이 가득 피어 있었습니다.

*__덩굴__ 길게 뻗어 나가면서 다른 물건을 감기도 하고 땅바닥에 퍼지기도 하는 식물의 줄기.

더 안으로 들어가니 동굴 한쪽에서 맑은 샘물이 퐁퐁 솟아나고 있었습니다. 샘물은 투명하고 향기로웠습니다. 샘의 둘레에는 보드라운 이끼가 깔려 있고, 갖가지 꽃들이 흐드러지게 피어 있었습니다.

"자, 이리로 오세요, 아르테미스 님!"

아늑한 자리를 마련한 님프들이 아르테미스를 이끌었습니다. 사냥으로 잔뜩 지쳐 있던 아르테미스는 샘물가에 앉아 시중드는 님프들에게 몸을 맡겼습니다.

님프들은 아르테미스의 활과 화살, 그녀가 입고 있던 옷을 받아 들었습니다.

님프들 가운데 가장 손재주가 좋은 크로칼레가 아르테미스의 탐스러운 머리카락을 손질했고, 다른 님프들은 금빛으로 반짝이는 큰 물동이로 물을 길어 아르테미스의 몸 위에 천천히 부었습니다.

목욕을 즐기는 아르테미스와 님프들

〈목욕 후의 아르테미스〉 프랑수아 부셰

아르테미스는 숲 속에서 실컷 사냥을 한 뒤에 동굴 안의 맑은 샘물에서 님프들과 목욕하기를 좋아했어요. 아르테미스의 곁에서 님프들이 정성스레 시중을 들고 있어요. 왼쪽에 아르테미스의 화살집도 보이는군요.

한편 친구들과 앉아서 쉬던 악타이온은 숲 속 이곳저곳을 거닐고 싶은 생각에 혼자 일어나 *정처 없이 걷기 시작했습니다. 그러다가 자신도 모르게 아르테미스의 동굴 앞에 이르렀습니다.

"도대체 여기는 어디지?"

악타이온은 주변을 두리번거리다가 덩굴로 우거진 곳을 발견했습니다. 덩굴을 조심스레 들추자 좁은 동굴 입구가 드러났습니다.

"아니, 이런 곳에 동굴이 있다니……."

*정처 정한 곳. 또는 일정한 장소.

5
아르테미스의 저주

"여긴 어떻게 알고 들어왔지? 혹시 내 몸을 엿본 것이냐?"

"아, 아닙니다, 여신님! 저는 다만 숲 속을 거닐다가
우연히 이곳에 들어온 것뿐입니다. 제발 저를 용서해 주십시오."

동굴 깊숙이 들어온 악타이온의 귀에 깔깔거리는 웃음소리와 님프들의 목소리가 들려왔습니다.

'이게 무슨 소리지?'

호기심이 생긴 악타이온은 샘터로 다가갔습니다.

그때 아르테미스는 님프들과 함께 샘물 안에서 목욕을 즐기고 있었습니다.

"아르테미스 님은 변함없이 아름다운 몸을 갖고 계세요."

"정말 부러워요."

"저희도 아르테미스 님처럼 될 수 있을까요?"

님프들이 넋을 잃고 아르테미스의 아름다움을 이야기하는 동안, 악타이온은 샘물가 바위 뒤에서 보아서는 안 될 것을 보고 말았습니다. 여태껏 그 누구도 보지 못한 아르테미스의 목욕하는 광경을 보고 만 것입니다.

낯선 남자의 갑작스런 등장에 님프들은 깜짝 놀라 소리를 질렀습니다.

"꺄아악!"

목욕을 즐기는 아르테미스를 본 악타이온

〈아르테미스와 악타이온〉 티치아노

아르테미스의 동굴로 우연히 들어온 악타이온은 아르테미스가 목욕하는 모습을 보고 말아요. 화가 난 아르테미스가 날카롭게 쏘아보고 있어요.

님프들은 재빨리 아르테미스의 몸을 가리려고 허둥댔습니다. 하지만 아르테미스의 키가 요정들보다 훨씬 커서 이미 그녀의 얼굴이 드러나고 말았습니다.

님프들의 고함 소리에 깜짝 놀란 악타이온은 얼른 바위 뒤에 숨었습니다. 악타이온은 쿵쾅거리는 가슴을 부여잡고 숨을 고르고 있었습니다.

'아, 이럴 수가! 이런 곳에서 아르테미스 여신을 보게 되다니!'

악타이온은 그 자리를 떠나기 위해 조심조심 뒷걸음질을 쳤습니다.

그때였습니다. *위엄 있는 아르테미스의 목소리가 동굴 안에 쩌렁쩌렁 울려 퍼졌습니다.

"거기 누구냐!"

겁에 질린 악타이온이 천천히 몸을 일으켰습니다.

"저, 저는 카드모스 왕의 손자인 악타이온입니다."

"여긴 어떻게 알고 들어왔지? 혹시 내 몸을 엿본 것이냐?"

"아, 아닙니다, 여신님! 저는 다만 숲 속을 거닐다가 우연히 이곳에 들어온 것뿐입니다. 제발 저를 용서해 주십시오."

악타이온의 목소리가 파르르 떨렸습니다.

* **위엄** 존경할 만한 위세가 있어 점잖고 엄숙함. 또는 그런 태도나 기세.

"너의 변명 따위는 듣고 싶지 않다!"

아르테미스는 악타이온의 말에 귀를 기울이지 않았습니다. 오직 자신에게 부끄러움을 안겨 준 악타이온에게 화가 나 참을 수가 없었습니다. 아르테미스는 손가락으로 악타이온을 가리키며 무섭게 소리쳤습니다.

"여기서 나가면 세상 모든 사람들에게 아르테미스의 알몸을 보았다고 신 나게 떠들어 대겠지? 내가 그렇게 하도록 가만둘 것 같으냐?"

아르테미스는 손을 뻗어 바닥을 더듬으며 자신의 활과 화살을

찾았습니다. 하지만 얼른 손에 잡히지 않자 물동이로 샘물을 퍼서 악타이온의 얼굴에 확 끼얹었습니다.

"으악!"

악타이온은 두 눈을 질끈 감았고, 얼굴과 몸에서는 차가운 물방울이 뚝뚝 떨어졌습니다.

악타이온은 한 마디 변명할 새도 없었습니다.

그 순간 악타이온의 머리에서 무언가가 돋아 나기 시작했습니다.

'어, 이게 뭐지?'

악타이온은 손으로 머리를 더듬었습니다.

그것은 단단한 사슴뿔이었습니다. 갈라진 사슴뿔이 점점 자라났고, 굵직한 목은 쑥 늘어났으며, 귀는 뾰족하게 솟았고, 팔은 긴 다리가 되었으며, 온몸은 얼룩덜룩한 갈색 털로 뒤덮였습니다. 두 손과 두 발도 뭉뚝한 사슴 발굽으로 변해 버렸습니다.

악타이온은 비명을 지르며 동굴 밖으로 황급히 빠져 나왔습니다. 악타이온은 무작정 달렸습니다. 그런데 나무와 풀들이 빠르게 스쳐 지나가는 것이었습니다.

'이럴 수가! 내가 이렇게 빨리 뛰다니! 대체 난 무엇으로 변한 거지?'

사슴으로 변한 악타이온

〈아르테미스와 악타이온〉 주세페 체사리

아르테미스는 자신이 목욕하는 모습을 훔쳐 본 악타이온에게 물을 퍼부으며 저주를 내렸습니다. 악타이온은 순식간에 사슴으로 변하고 말았지요.

악타이온은 *한달음에 시냇가로 뛰어갔습니다. 그리고 마음을 가다듬은 다음 물 위에 비친 자신의 모습을 내려다보았습니다. 그런데 물에 비친 것은 사람이 아닌, 잔뜩 겁에 질린 한 마리의 수사슴이었습니다.

"아니, 이게 나란 말인가? 내가 사슴이 되다니……."

악타이온은 크게 외쳤지만, 그 소리는 사람의 말이 아니었습니다. 악타이온은 이미 사람이 아니라 사슴이었기에 그의 말은 구슬픈 사슴의 울음소리로 들릴 뿐이었습니다.

*한달음 중도에 쉬지 아니하고 한 번에 달려감.

6
악타이온의 최후

'가만, 이 소리는……. 내가 아끼는 사냥개들이잖아!'

어느새 여러 마리의 사냥개들이

사슴이 된 악타이온을 보고 바람처럼 달려왔습니다.

악타이온은 자신에게 일어난 일을 도저히 믿을 수가 없었습니다. 악타이온의 눈에서 흐르는 눈물은 사슴의 얼굴을 타고 흘러내렸습니다. 굵은 눈물방울은 멈출 줄 모르고 하염없이 떨어졌습니다. 사슴이 된 악타이온이 시냇가에 웅크리고 앉아 슬퍼하는 동안, 어느새 해가 기울었습니다.

'이런, 날이 곧 저물겠군. 이렇게 넋 놓고 있다가는 사나운 짐승들의 먹잇감이 될지도 몰라.'

악타이온은 겨우 몸을 일으켰지만, 어디로 가야 할지 막막했습니다.

'이런 모습을 하고 왕궁으로 돌아간다면 모두 깜짝 놀라겠지? 아니, 나를 비웃으며 손가락질할 거야. 아, 이대로는 돌아갈 수 없어. 그냥 숲 속 어딘가로 숨어야 할까?'

자신의 모습이 부끄럽고 초라하다고 여긴 악타이온은 이러지도 저러지도 못한 채 *갈팡질팡했습니다.

*__갈팡질팡하다__ 갈피를 잡지 못하고 이리저리 헤매다.

바로 그때였습니다.

"컹컹! 컹컹!"

사냥개 짖는 소리가 멀리서 들려왔습니다. 악타이온은 그 소리가 귀에 설지 않았습니다.

'가만, 이 소리는……. 내가 아끼는 사냥개들이잖아!'

어느새 여러 마리의 사냥개들이 사슴이 된 악타이온을 보고 바람처럼 달려왔습니다.

하지만 개들은 옛 주인을 알아보고 반가워 달려온 것이 아니었습니다. 사슴으로 변한 악타이온은 개들에게 단지 먹음직스런 사냥감으로만 비칠 뿐이었습니다.

'으악, 안 돼!'

악타이온은 힘껏 달리기 시작했습니다. 험한 바위산을 넘고, 골짜기를 지나 절벽을 건너뛰면서 잡히지 않으려고 *안간힘을 썼습니다. 하지만 노련한 사냥개들은 끈질기게 악타이온을 쫓아왔습니다. 그 뒤에서는 악타이온의 친구들이 사냥개들을 몰며 달려오고 있었습니다. 하지만 아무도 악타이온을 알아보지 못했습니다.

*__안간힘__ 어떤 일을 이루기 위해 몹시 애쓰는 힘.

다급해진 악타이온은 목청껏 소리쳤습니다.

"이놈들아, 나는 너희의 주인인 악타이온이다! 이 멍청한 놈들, 주인을 몰라보다니!"

악타이온은 계속해서 울부짖었지만, 사슴의 울음소리만 울려 퍼질 뿐이었습니다. 악타이온의 친구들은 사냥개들을 부추기며 사슴이 된 악타이온을 몰아세웠습니다.

"이봐, 친구들! 나를 모르겠나? 나야, 나! 악타이온이라고!"

악타이온이 아무리 소리쳐도 친구들이 그의 말을 알아들을 턱이 없었습니다. 사냥개들이 짖는 소리는 숲 속 가득 높아졌고,

*매정하다 얄미울 정도로 쌀쌀맞고 인정이 없다.

끝내 지쳐 버린 악타이온은 천천히 땅에 주저앉았습니다. 그리고 사냥개들이 자신에게 달려들자 고통스런 비명을 지르며 한탄했습니다.

'아, *매정한 아르테미스 님! 나에게 이런 끔찍한 벌을 내리다니…….'

악타이온의 거친 숨소리는 점점 약해졌고, 결국 사냥개들에게 둘러싸여 물어뜯긴 채 숨을 거두고 말았습니다.

악타이온의 사냥개들

악타이온이 아끼던 사냥개들은 사슴으로 변한 주인을 알아보지 못하고 물어뜯어요. 사슴을 물어뜯은 뒤 악타이온의 사냥개들은 계속 주인을 찾아 산을 헤맸다고 해요. 안타깝게 주인을 찾는 개 짖는 소리가 온 산에 퍼졌어요. 주인을 찾던 개들은 악타이온의 스승인 케이론이 사는 동굴까지 가게 되었어요. 케이론은 이 개들을 위로하기 위해 악타이온의 모습을 한 조각을 만들어 주었다고 해요.

OLYMPUS GUARDIAN 신화 뒷이야기

아르테미스는 제우스와 레토 사이에서 태어난 여신으로 아폴론과 쌍둥이 남매입니다. 헤라 여신은 레토가 낳은 자식들이 엄청난 세력을 갖게 될 것이라는 신탁을 듣고 레토의 출산을 막고자 갖은 방법을 동원했습니다. 하지만 레토는 위험을 이겨 내고 쌍둥이를 낳았으며, 아폴론과 아르테미스는 올림포스의 막강한 신들로 자리매김을 했습니다.

그러면서 새로운 신들의 세대가 시작됩니다. 그때는 굳이 자식들을 낳아 세력을 키울 필요가 없을 만큼 신과 인간이 많아져서 아르테미스는 결혼을 하지 않고 처녀성을 지키며 자신의 삶을 즐깁니다.

사냥의 여신이면서 달의 여신인 아르테미스는 미모 또한 남달랐습니다. 하지만 순결과 처녀성을 중요시한 그녀는 자신의 고결함을 지키기 위해 잔인한 방법을 마다하지 않았습니다.

그 대표적인 희생양이 바로 악타이온입니다. 우연히 아르테미스가 목욕하는 모습을 본 그는 변명조차 못하고 아르테미스의 저주를 받아 사슴이 되었습니다.

그리고 자신이 키운 사냥개들에게 물어뜯겨 처참한 죽음을 맞이합니다.

아르테미스는 님프들에게도 순결을 강조했습니다. 그래서 아르테미스를 따르는 님프들이 순결을 지키지 못했을 때 용서하지 않았습니다. 아르테미스의 사랑과 신뢰를 한 몸에 받던 님프 칼리스토가 아르테미스로 변신한 제우스에 의해 임신을 하게 되자 그 벌로 곰으로 만든 것만 보아도 알 수 있지요.

이처럼 아름다운 모습을 한 처녀 신 아르테미스는 차갑고 매정하며 복수심이 아주 강했답니다. 그녀가 퍼붓는 저주와 복수는 여느 신 못지않게 무섭고 잔인했습니다. 이를 통해 신들이 인간을 얼마나 하찮은 존재로 여겼는지 알 수 있습니다. 자신의 마음에 들지 않는다고, 자신의 자존심을 건드렸다고 *단박에 인간의 목숨을 앗아 가는 신들의 행동은 어찌 보면 참으로 가혹한 것이었답니다.

*단박 그 자리에서 바로.

올림포스 신들의 계보

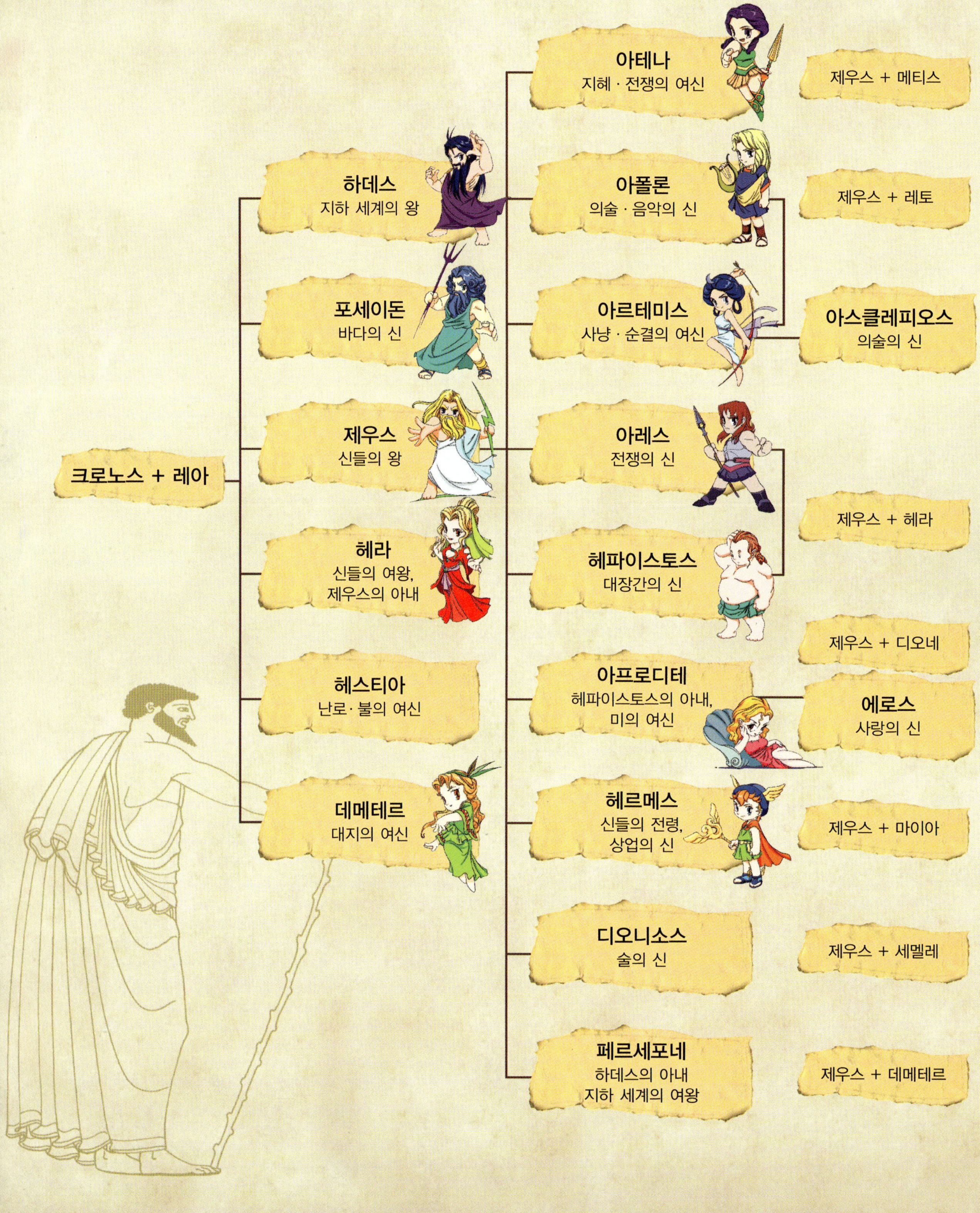

크로노스 + 레아
하데스
지하 세계의 왕
포세이돈
바다의 신
제우스
신들의 왕
헤라
신들의 여왕,
제우스의 아내
헤스티아
난로·불의 여신
데메테르
대지의 여신
아테나
지혜 · 전쟁의 여신
제우스 + 메티스
아폴론
의술 · 음악의 신
제우스 + 레토
아르테미스
사냥 · 순결의 여신
아스클레피오스
의술의 신
아레스
전쟁의 신
제우스 + 헤라
헤파이스토스
대장간의 신
제우스 + 디오네
아프로디테
헤파이스토스의 아내,
미의 여신
에로스
사랑의 신
헤르메스
신들의 전령,
상업의 신
제우스 + 마이아
디오니소스
술의 신
제우스 + 세멜레
페르세포네
하데스의 아내
지하 세계의 여왕
제우스 + 데메테르

그리스 로마 신화 주요 인물의 이름

그리스 어	로마 어	영어
가이아	텔루스	
니케	빅토리아	나이키, 빅토리
데메테르	케레스	세레스
디오니소스	바쿠스	바커스
레아	키벨레	시벨레
아레스	마르스	마스
아르테미스	디아나	다이애나
아테나	아테네, 미네르바	
아폴론	아폴로	아폴로
아프로디테	베누스	비너스
에로스	쿠피드, 아모르	큐피드
오디세우스	울릭세스	율리시스
우라노스	카일루스	유러너스
제우스	유피테르	주피터
크로노스	사투르누스	새턴
페르세포네	프로세르피나	
포세이돈	넵투누스	넵튠
하데스	플루톤	플루토
헤라	유노	주노
헤라클레스	헤르쿨레스	허큘리스
헤르메스	메르쿠리우스	머큐리
헤스티아	베스타	
헤파이스토스	불카누스	벌컨

그리스 로마 신화 올림포스 가디언 41

사냥의 신 아르테미스

펴낸이 양원석
펴낸곳 ㈜알에이치코리아
등록 2004년 1월 15일 제2-3726호
주소 서울특별시 금천구 가산디지털2로 53, 20층 (한라시그마밸리)
문의전화 02)6443-8800

ISBN 978-89-255-4407-6(74800)
ISBN 978-89-255-4354-3(세트)

값 **12,800원**

원작 만화로 보는 그리스 로마 신화(가나출판사)
이광진 엮음, 홍은영 그림
명화 구입처 유로크레온(주)